वसंत आने को है

सुभाष यादव "धूल -माटी "

Made with ♥ on the Notion Press Platform
www.notionpress.com

"वसंत आने को है" एक जीवंत काव्य संग्रह है जिसमें 101 कविताओं को संग्रहित किया गया है इस पुस्तक में कवि जीवन के अनेक पहलुओ को इंगित करता है जो सहज मात्र सी दिखाई पड़ती है परन्तु जीवन के लिए आज भी महत्वपूर्ण है जिसे अनदेखा कर लोग चले जा रहे है ।

क्रम-सूची

क्रम-सूची

क्रम-सूची

क्रम-सूची

क्रम-सूची

प्रस्तावना

मैं उन लोगो का आभारी हूँ ,जिन्होंने मुझें इस पुस्तक को पूर्ण करने में सहायता प्रदान किया, उन्होंने कुछ अच्छे विचार सुझाए जिससे मैं इस पुस्तक को लिख पाने में सक्षम हो पाया, यह एक प्रौढ़ काव्य संग्रह है ,जिसमें जीवन के अनेक पहलुओ को इंगित किया गया है ।

भूमिका

इस पुस्तक में जीवन के अनेक पहलुओ को इंगित किया गया है प्रकृति के साथ जीवन जीने का आनंद ही जीवन जीने का असली सुख है । जीवन के किसी भी परिस्थिति से उभरने का एक रास्ता दे सके, कविता के माधयम से यही कवि की सोच है ।

"वसंत आने को है "काव्य संग्रह में प्रकृति द्वारा फिर से नव -जीवन का सन्देश दिया गया है जीवन में कितनी भी बाधाएं क्यों न हो फिर होठों पर मुस्कान लौटती है जैसे की पतझड़ के बाद तरुओं पर नए-नए पत्ते ! हां ! बसंत का आगमन जीवन में फिर नया उत्साह भरता है ।

पावती (स्वीकृति)

मेरे प्रेणना श्रोत सभी साहित्यकारों को जाता जिन्हें पढ़ा है सुना है क्योंकि उन्ही के मार्गदर्शन से मुझमें साहित्य लिखने की प्रेरणा जागृत हुई और मैं रुका नहीं कभी ,झुका नहीं बस चलता रहा- चलता रहा साहित्य के पथ पर और आज भी निरंतर चलता जा रहा हूँ ......

जिन्होंने काव्य लिखने के लिए प्रेरित किया ,प्रेरणा के द्‌वारा ही इस पुस्तक को लिखने में सफल हो सका ।बाल प्रहरी के संपादक उदय किरौला जी (अल्मोड़ा उत्तराखंड) के संपर्क में रहकर कई बार कविता आयोजन का अवसर प्राप्त हुआ और अन्य अपने मित्रों का भी धन्यवाद जिनके उत्साह से निरंतर लिखने के लिए प्रेरित हुआ ।

आमुख

"वसंत आने को है "काव्य संग्रह में प्रकृति द्वारा फिर से नव -जीवन का सन्देश दिया गया है जीवन में कितनी भी बाधाएं क्यों न हो फिर होठों पर मुस्कान लौटती है जैसे की पतझड़ के बाद तरुओं पर नए-नए पत्ते हां ! बसंत का आगमन जीवन में फिर नया उत्साह भरता है ।

1. आम पर बौर

देखो !
फिर बौर आयी है
देखो ! आम पर
अमराई से गुजरते
महक आयी है
नन्ही -नन्ही अमियों से
लदलद हुई फिर टहनियाँ
एक ख़ुशी मन पर छाई है
देखो ! आम पर
फिर बौर आयी है
दिन ग्रीष्म के अब दूर नहीं
ठिठुरन शीत से मज़बूर नहीं
देखो ! बसंत ले रही अंगड़ाई
प्रकृति की बजी शहनाई है
देखो ! आम पर
फिर बौर आयी है ।

2. कनेर के फूल

कनेर
आज भी मेरे घर के
पिछवाड़े कोने पर
खड़ा होगा
आज भी !
खिला- खिला सा
अपना वही रूप लिये
अपनी खुशबू को महकाता
पीले -पीले रंगों को
दर्शाता
भौरों को को
चिड़ियों को लुभाता
आज भी !
टहनी से टूटकर हो जाता होगा
पावन
ईश्वर के चरणों को
छूकर !
माँ के झुर्रीदार हाथों से होकर
कनेर आज भी खड़ा होगा
मेरे गाँव में
घर के कोने पर ।

3. अमलताश

आखिर कैसे
न देखूं ?
हरदिन तो गुजरता हूँ
स्पर्श से उसके
और नजर भी
खींची -खींची
यूँ ही चली जाती है
फिसलकर
सड़क किनारें
खड़ा अमलताश के
पेड़ पर !
घुंघुरुओं सा झालर लटकाये
पीले गहरें
रंगों से खूब नहाये
मोहित करता मन को
अंतरमन जिसपर
भला ! क्यों न लुभाये
आखिर ! कैसे न देखूं ?
प्रकृति की सुंदरता को
चार- चाँद जो लगाये ॥

4. मेरा बचपन मेरा गाँव

मेरा बचपन
शहर के स्विमिंग पुल में नहीं
बल्कि गाँव के तालाब में
सरकारी पुलिया में
नदी में ,नहर में
कभी बाढ़ के कहर में
डूब -डूब खूब नहाया हैं
पक्की सड़क पर नहीं
धूल-भरी कच्ची सड़कों पर
धूल- उड़ाते चला है
जूते-चप्पल नहीं
नंगे पाँव दौड़ा है
ग्रीष्म के दिन बगीचों में बीतता
महुवा को कटहल को
आम ,नीम ,शीशम को
इमली को,चिलबिल को,
बड़हड़ और कीकर को
खूब गले लगाया है
मानों उन्होंने ही जीना सिखाया है
हां ! बरगद पर
कभी बांस झुरमुट पर
झूला खूब झूला है
पीपल के जांघों पर बैठ
निर्भीक उसके खेला है
जहाँ अनगिनत पंछियों का

मानों लगा हो निरंतर मेला है
वही छोटा सा
गाँव है मेरा
जहाँ बचपन मेरा खेला है ।

5. हवा की तरह

कविता का
वास्तविक महत्व है
आभाष होना
जैसे हवा का होना
अदृश्य होकर भी सदृश्य होना
कब किसी मन से होकर
कवि मन को छूकर
कविता बह निकले
जिसे शब्दों में पिरोकर
कवि लिखता है
काल की स्याही में भिगोकर
हर मौसम से गुजरकर
बरसात के संग
बूँदों को लेकर
ग्रीष्म हो तो तपन लेकर
शीत में ठिठुरन लेकर
वसंत में नव जीवन देकर
हवा की तरह
बहती है कवितायें
अक्सर ! कवियों के मन पर ।

6. विलुप्त गौरैयों का जीवन

किसे फिकर है
भला कहाँ जीकर है ?
कहाँ गया गौरैयों का रेला
कभी लगाती थी जो आकर
आँगन में कई फेरा
हां ! याद मुझें आता है दिन वो
जब लिए सुबह -सुबह की बेला
चहचहाहट से मुझें जगाती
मानों लगा हो कोई मेला
सचमुच तब मन हर्षित होता
देख दीवारों में उनका खोता
काश ! वही फिर जीवन होता
व्यथित आज न मन होता
विलुप्त गौरैयों के जीवन
पर लिए पश्च्यातापं न मन होता ।

7. नहीं छूटा

दूरियां ! बन गई
गाँव से शहर आकर
पर गाँव नहीं छूटा
बचपन सा रिश्ता आज भी रखता हूं भीतर
वो रिश्ता नहीं टूटा
आज भी मन से
मेरा गाँव नहीं छूटा
हां ! फुर्सत में आज भी देखता हूं
पोखर -ताल को
दुपहरी में देखता मछुवारों उनके जाल को
बगीचे में इमली, बड़हड़,
महुवा ,कटहल ,आम को,
आज भी निहारता हूं
अपने गाँव को
हां ! सुबह को शाम को
नदी किनारे थककर खड़ी
नाव को
हां ! पंछियों के मधुर स्वर को
अलहड़ जीवन तान को
पीपल को बरगद को
ऊँची उनकी शान को
लहराते झुरमुट बाँस को
कभी न उनसे मन रूठा
शहर आ गया तो क्या
गाँव आज भी नहीं छूटा।

8. नये घोंसले

एकदिन
फिर से चहल-पहल होने लगी
ठीक घर के सामने खड़े
बेलपत्र के पेड़ पर
नये- नये घोंसले
पंछी बुनने लगे
बहुत मेहनत से
मूँज को चीरने लगे
भीतर मन के सपने
मानों गहरी नींद से जगने लगे
शीत ऋतु आने से पहले
नये घोंसले टहनियों पर
लटक जायेंगे
हर साल की तरह
उन्हें याद है त्यौहार की तरह
निश्चित एक मास -दिवस भीतर
सजकता से ,सरलता से ,
साहस ,धैर्यता से
अपने लक्ष्य को पूर्ण करना
नये घोंसलों का टँगना
आच्छादित कर गया मन को
जीवन में कुछ तो है करना
एक नई राह पर चलना
अचानक मैं उठ बैठा
पंछियों की चहचहाहट सुनकर ।

9. घुलते- रंग

केसरिया रंग थे बिखरे
दूर -दूर तक
रंग में रंग घुल रहे थे
एक दूसरे में
घुलकर
फिर एक हो गया
अचानक देखा ! सब एक
धुंधले मटमैले रंग में
मिलकर
हाँ ! साँझ ढल रही थी
धीरे -धीरे
सूरज ढलने के बाद
जब इक्का -दुक्का ही
पंछी बड़े वेग से
अपने घोंसले की सुध लिये
उड़े जा रहें थे
ढलती साँझ की बेला में
इंसानों के बस्ती के पार ।

10. वसंत ऋतू आई है

देखो ! नई कोंपले खिल आई है
वसंत ऋतू आई है
टहनी -टहनी, डाली -डाली
हरियाली फिर से छाई है
पतझड़ बीता तरु जीवन का
लिए नई अंगड़ाई है
देखो ! मानों चहु ओर
प्रकृति रंग में नहाई है
वन- उपवन घर आँगन द्‌वार
वसंत ऋतू आई है
ग्रीष्म ऋतू की दस्तक देकर
कोयल बोल सुनाई है
याद आये बचपन के दिन
अमिया मन को ललचाई है
वसंत ऋतू आई है,
वसंत ऋतू आई है ।

11. एक -एक दाना अन्न का

एक दाना
मामूली नहीँ होता
अन्न का एक दाना !
जिसकी तलाश में
मत पूछो कितनी मशक्कत करती
एक चिड़िया दूर तक उड़ान हैं भरती
भोर में छोड़ अपने कोटर- घोंसले को
देखा हैं उसे निकल जो पड़ती
और न जाने लोग कितने
धूप में बरसात में ,दिन में रात में
सींचते जिसे अंकुरित होने के बाद
बच्चों की तरह छूकर करते देखभाल
तब कहीँ एकदिन ! परिपूर्ण बनता हैं
अपनी बालियों से लदलद
लहराता किसी फसल का पौधा
जीवन के लिये महत्पूर्ण बन
एक -एक दाने की अहमियत लिये
जो पेट भरता हम सभी का
जिसका निरादर भला
क्यों करे ? अपनी थाली में !
चलो मंथन क्यों ना करे ! फेंकने से पहले
अन्न का एक-एक दाना ।

12. स्मृतियों में मेरा गाँव

आज भी याद आती है
फड़फड़ाती बाँस की पत्तियाँ
जैसे अनगिनत सुग्गा
आ बैठे हो
बाँस पर उतरकर
झूला -झूलते पतली कईन
पर बैठकर
पोखर किनारे
घर पिछवाड़े
मेरे गाँव में ।

13. एक नदी

सुबह नींद से जाग
जब देखा !
आसमान को निरेखा
विशाल दोनों पाट लिए
कोई नदी थी बह रही
बादलों से जो बनी थी
आसमान में कह रही
दूर जहाँ तक देख सका था
बहुत दूर तक फैली थी
स्वच्छ नीला जल था जिसका
तनिक भी न मैली थी
हां ! देखा एक नदी को मैंने
विशालकाय जो गहरी थी
लिए आकृतियाँ बादलों की
कहाँ देर तक धारा लहरी
ओझल हो गई
धीरे -धीरे
पर आज भी है
नैनों में ठहरी ।

14. लौटने पर शहर से

कभी लौटने पर शहर से
आज भी निहारता हूँ
भर -भर नजर अपने गाँव को
घर -आँगन में नीम छाँव को
और निहारता हूँ
कच्ची सड़क के बगल स्थित
पोखरी को
जिसके ठीक किनारे खड़ा
बुढ़े पीपल को
बगीचे में इमली को
बडहड को
आम ,महुआ ,कटहल को ,
मूँज की जुटो को
हाँ ! बाँस के झुरमुटों को
आज भी निहारता हूँ
बगुलों के गुटों को
उस पथ को ,
चला था बचपन कभी जिसपर
नंगे पाँव माटी में सनकर
हाँ ! आज भी निहारता हूँ
कंकड़ को ,पत्थर को
उड़ती धूल -माटी को
गाँव की अपनी परिपाटी को
जो सम्पूर्ण जीवन की मेरी धरोहर
अपनी उस ख्याति को ॥

15. नए -नए प्लाट

आज ! शहर
धीरे -धीरे
गाँव की तरफ
बढ़ रहा है
गाँव शहर की बाहों में
सिमट रहा है
खेत पट रहे है
पेड़ कट रहे है
तालाब थे जो कभी
जमीन में धस रहे है
कहीं भी नज़र उठाकर
देख लो
प्लाट कट रहे है ।

16. हिंदी मेरी भाषा

आज दिग- दिगंत तक
धरा के अंत तक
बाकि कोई छोर नहीं
चहु ओर अनंत तक देखों
हिंदी का कोई तोड़ नहीं
उमंग लिए अभिव्यक्ति की
हिंदी एक अभिलाषा
वो मातृभूमि भारत है
हिंदी जिसकी भाषा
भला कौन रहा अपरिचित इससे
चाँद क्या मंगल हो जिससे
स्पर्श किया था कल्पना ने
गवाह जिसका है नासा
कूट- कूट कर भरी जिसमे थी
हिंदी मेरी भाषा
जो गा रही अभिव्यक्ति गीत
लहराए विश्व पताका
हिंदी मेरी भाषा
हिंदी मेरी भाषा ।

17. लोग क्या कहेंगे

बस यहीं तीन शब्द
"लोग क्या कहेंगे"
खड़े हो आते है
आगे दाएं -बाएं घेरकर !
और खुद को रोक लेते है
बढ़ते कदम को हम खींचकर पीछे
हां ! न जाने क्यों ?
किसके भय से किस शर्म से
जो तनिक भी परवाह नहीं करते तुम्हारा
देखना चाहते है ऐसे लोग
तुम्हें गिरना तुम्हें हारा !
जो कभी अथाह दुःख में भी
नहीं हुए सहारा
तो फिर क्यों ?
किस बात का भय
किस बात का यह जीवन अँधियारा
उठो चलो ! देख रहा तुम्हें उजिआरा
उठो तुम चलो उठो ।

18. मूँज

कभी राह रोककर
खड़ी हो जाती
पथ के दोनों किनारों पर
सच पुछो तो लाचार करती हैं
निकलने को पथ से आगे
पथ बाध्य करती हैं
चीरकर अपनी धारदार पत्तियों से
ढेरों निशान करती हैं
डराती खुद से भी ,
और साँप ,बिच्छूओ को शरण देकर
पालती -पोसती हैं
अक्सर गाँव सड़क घेरकर
खड़ी होती खेत -मेंढ़ चढ़कर
करती हैं मन पर भय उत्पन्न कर
पर यही तो पेट भरती हैं कभी
देखा हैं अकाल के दिनों में
हरा चारा बनती हैं पशुओं के लिये
और फूल लगने के समय
निकलती नरम डंडियाँ
जिससे बनाती महिलाएँ डलियाँ, पंखियां
और बनती हैं असहाय लोगों की
झोपड़ियां ! ग्रीष्म में बरसात में
बहुत सुकून देती हैं
यही मूँज की मड़ईयां ॥

19. दृढ़ता

बूँद- बूँद ही सही
जब पानी रिसता है
धीरे- धीरे ही सही
एक धार लिये
रूप नदी का
दिखता है
यूँ ही मीलों की दूरियाँ भी
तय हो जाया करती है
कदम जब निकल पड़ता है
सच मायने में
जीत उसी की है
जो मन की दृढ़ता रखता है ॥

20. वसंत आने को है

गिरने लगे हैं
बूढें पात
नई कोंपलें आने को हैं
नहीं विक्षोभ
टूटे पल्लव पर
देखो ! वसंत आने को है
लग रही सुहानी हवा आज
हां ! शीत ऋतू जाने को है
झड़ रहे चतुर्दिक पात ,डाल
कोई नया राग छाने को है
देखो ! वसंत आने को है
हां ! दूर दृष्टि तक खेतों में
सरसों पिली छाई है
प्रकृति की अजब कहानी
ले रही अंगड़ाई है
पत्ता- पत्ता ,टहनी- टहनी
सबका मन लुभाने को है
देखो ! वसंत आने को है
देखो ! वसंत आने को है .

21. नया शहर

नये शहर में
नौकरी की पहल में
जहाँ नयी गलियां
नये चौराहें
नई भाषा ,नई आशा
बुनता सपनों को
आदमी !
देकर खूद को दिलासा
अनजान सबकुछ
जहाँ अनजान
जैसे कोई नया
एक मेहमान
पूछता हर किसी से
वह मकान !
ढूँढता अपना मुकाम ॥

22. पहरेदार

अक्सर ! उसे
अपनेपन में देखा है
निडरता से घूमते
रात के अँधेरे से
बेफिक्र !
सुनसान रास्ते की ओर जाते
अपनी मस्ती में जीवन को
अपने तरीके से जीते
काले ऊँचे पहाड़ डिल वाले
सांड को घूमते
पेड़ो की जड़ों को माथे से रगड़ते
मस्तानी चाल लिए
गांव गलियों से गुजरते
अक्सर देखा है उसे
पहरेदार की तरह घूमते
अपने गांव में
एक प्रश्न लिए मन में
क्या उसे डर नहीं लगता ।

23. मृत्यु का दिन

किसने कहा
उम्र बढ़ती है ?
अरे ! उम्र तो घटती है
अपने निर्धारित मृत्यु दिन से
हर दिन प्रति पल ,प्रति क्षण
घटती है
किसने कहा
उम्र बढ़ती है ?
सोचता हूँ
जहाँ पर आज हूँ मैं अभी
खड़ा उम्र के जिस पड़ाव पर अभी
क्यों न जी लूँ इस क्षण को जी भर अभी मुस्कुराकर !
मुश्किलों को भी प्रेम से गले लगाकर
क्योंकि जानता हूँ
समय ठहरने वाला नहीं
क्या पता कल ही हो
बिल्कुल निश्चित
मेरे मृत्यु का दिन ।

24. पावस के बादल

क्या हुआ दारुण आतप है ?
दूर बहुत तुम्हारा पथ है ,
जलता है जिसमें सबकुछ
जलता आज कण - कण है
हां ! जलहीन जलाशय निस्तब्ध्द पड़े है,
प्यासा तुम्हारा मन है
तो किंचित तुम बिचलित मत होना ,
जब तक तुममे दम है,
हां ! चाहता प्राणों को यदि
भानु - कला अदम्य है
तो भी बिचलित मत होना तुम
पथ को अपने मत खोना तुम
घुमड़ - घुमड़ कर घिर आएंगे
जरूर ! एकदिन नभ के बादल
जब तृप्त होगा मन तुम्हारा
तुमपर जल बरसेगा
लिए घोर - घनघोर घटा
यह नभ मानों फट बैठेगा ।

25. हे ! स्मृतियाँ

आज भी छलक उठता
अनुराग तुमपर ,
हे ! स्मृतियाँ तुझपर !
आज भी वहीँ चित्रण ,
वही सबकुछ मन पर ,
लिये निनाद ,पराग वही ,
जो आते याद उभरकर ,
हाँ ! वही निसि ,दिवस वही ,
प्रखर ग्रीष्म भी वही ,
वही तरु ,बेल वही ,
बिथि वही ,कण -धूल वही ,
खेत वही ,खलिहान वही ,
वही सबकुछ ,परिधान वही ,
नदी वही ,तालाब वही ,
पंछी का पड़ाव वही ,
वही कोटर -कुटीर वही ,
मंदिर वही ,पीपल वही ,
दुःख वही ,दर्द वही ,
लोगों का मर्ज वही ,
आज भी नमन तुमको
न्योछावर जीवन तुमपर
हे ! स्मृतियाँ तुझपर ।

26. कलम की धार पर

लिखता हूँ मैं
इस धरती पर
आकाश पर ,
नदी पर , धार पर ,
पंछी पर ,कोटर पर ,
तरुओं पर डाल पर ,
हां ! तरुपल्लव पर ,
तरुमर्मर पर ,
बहती इस पवन पर ,
इस धूल पर ,
इस मिटटी पर ,
कंकड़ पर ,पत्थर पर ,
सुबह पर ,साँझ पर ,
दिन पर ,रात पर ,
हां ! धूप पर छाँव पर
अभावो में नंगे पाँव पर ,
लहराती फसलें ,और उस किसान पर,
उस लक्ष्य पर , संकल्प पर ,
दृढ , उस जवान पर ,
खातिर जो देश के
खड़ा खुद कुर्बान पर,
जीवन पर ,मृत्यु पर ,
महफ़िल पर ,शमशान पर ,
हां ! लिखता हूँ झोपड़ी पर ,

महलों पर ,इंसान पर ,
चूल्हे पर ,चौखट पर ,
आँगन ,घर - द्वार पर ,
बछड़े को दूध पिलाती
गैया के प्यार पर ,
हां ! शीत पर ,ग्रीष्म पर ,
बसंत की बयार पर ,
पतझड़ पर , अमराई पर ,
और उस रसाल पर ,
पानी के बूँद पर ,
बूँद में बरसात पर ,
खेतो पर ,खलिहान पर
जीवन के इस पार पर
और उस पार पर ,
चहुँ इस दिशा पर ,
इस संसार पर ,
लिखता हूँ मैं लिखता हूँ
कलम की धार पर
कलम की धार पर ।

27. नदी का गीत

अनगिनत बार सुना है गीत
लहरों से उठता संगीत
बैठकर गंगा के तट पर
हां ! नदी का गीत
नदी का गीत
छल -छल करता
नदिया का पानी
मानों कहता कोई कहानी
चलता जाता
बहता जाता
जीवन को यह कहता जाता
चलना ही जीवन है
यही जीवन की है रीत
हां ! यही सन्देश नदी है देती
यही है नदी का गीत ।

28. मैं भी ड्यूटी पर हूँ

घरेलू महिला हूँ
तो क्या ?
मैं भी ड्यूटी पर हूँ
सुबह अलार्म बजने के साथ
उठना पड़ता है
न चाहकर भी
चलना पड़ता है
दौड़ -भाग की तरह
देखतीं घड़ी तरफ
जैसे भागते है लोग
ऑफिस पहुंचने के जल्दी में
वैसे ही मैं भी दौड़ती हूँ
रसोई की तरफ
बरतनों की तरफ
गैस चूल्हों की तरफ
एक -एक डिब्बे की तरफ
नमक ,मिर्च ,धनिया की तरफ
बढ़ाती हूँकदम -कदम
लंच पैक करने की तरफ
सिर्फ पति के लिए नहीं
बच्चों के लिए भी
जानती हूँ मुझे देर होना
देर हो जाएगी स्कूल के लिए
ऑफिस के लिए
देर हो गई तो

लंच बॉक्स कुरेदेगा मुझे
उसदिन
मन ही मन बड़बड़ायेगा
उसदिन
किसी के कहने
या न कहने से क्या ?
औरतें घर में भी ड्यूटी पर है
भला ! कौन कह सकता है
औरतें भी कभी छुट्टी पर है ?

29. किरणों संग

वह तो आँधी- तूफानों में भी
भला कहाँ डरता है
लालयित छूने को धरा
हरदिन मानों तरसता हैं
भोर में ही किरणों संग
चल पड़ता हैं
सूरज देखो
कहाँ थकता हैं
फिर क्यों थक जाऊँ मैं
पथ से अपने ,
भटक जाऊँ मैं
देख काले बादलों को
बिजलियों के तड़क से
क्यों डर जाऊँ मैं
क्यों न सूर्य सा प्रकाशित
बन जाऊँ
अनंत किरणों के तेज सा
अपनी रोशनी फैलाऊ मैं
सूर्य तो नही बन सकता
पर सूर्य का प्रतिनिधत्व बन जाऊँ मैं ।

30. आँगन की चिड़ियाँ

कभी शोर मचाती थी
आँगन में आ -आकर
चिड़ियाँ
छपर जाती सुखवन पर
तितर -बितर कर
अन्न के दाने
मस्ती लिये एक अल्हड़पन में
खेलती -कभी झगड़ती
खूब कोलाहल लिये
आँगन में
खड़ा कर देती थी माँ कभी
एक पतली डंडी थमाकर हाथों में
जब मानती नही थी
उपद्रव करती
चिड़ियाँ
पेट भर जाने के बाद भी
अठखेलीया करती !
अब उदास सा रहता हैं मन
कभी माँ हैं कहती
गौरैया मानों बिटिया की तरह
ब्याही हो चली सब
छोड़कर कर सुना -सुना
घर -आँगन ॥

31. क्या सीखना जरूरी है

क्या जरूरी है सीखना !
चालाक बनना
कैसे अपने स्वार्थ के लिए
किसी के मुशीबतों में
और भी मुशीबत देकर लाभ कमाना
कैसे चिकनी- चुपड़ी बातों में घुमाना
बात बनाना !
हां ! सीखना है
बने रहना कैसे
एक अच्छी छवि में
धूर्त बनकर भी
मैत्रीपूर्ण भाव दर्शाना
बचपन में पढ़ी
लोमड़ी की कहानी की तरह
सोचता हूँ क्या सीखना जरूरी है
आज के समय में
चालाक बनना !
चालाक लोमड़ी की कहानी पढ़ना !
अपने ही लोगो के बीच
जिनके लिए
किसी भी परिस्थिति में
सबकुछ न्योछावर है मन भीतर ?

32. रेत पर निशान

कोई तो गया होगा ?
नदी की तरफ़
पांवों के निशान दिख रहे थे
अनगिनत चलकर ...
रेत पर उभरकर
दूर -दूर तक ...
हाँ ! लौटने का तो पता नही
नज़र आया कोईं चिन्ह पाँव नही
कहीँ- कहीँ जानवरों
के भी आने -जाने की थी पहचान
नन्हें कीडे भी चलकर
छोड़े थे अपने -अपने निशान
और हवा से बनते -बिगड़ते
किसी कलाकृति की तरह
दिख रही थी लकीरें
रेत पर उभरकर ...
ग्रीष्म के आतप से
गंगा के बदन पर ॥

33. गुलमोहर के फूल

वो तो हवा थी तीव्र,
वर्ना ! कहाँ पता चलता
मटियाये मिट्टी मे ,
धूसरित लिये धूल ,
जमीन पर गिरे थे
गुलमोहर के फूल
हाँ ! निसदिन आते -जाते
सड़क पर ,
अनगिनत तरू खड़े
अपनी कतार मे
जिसकी छतनार छाया से गुजरता हूँ
मानो जानता हूँ पड़ोस मे किसी को
पर कभी अच्छी तरह
नहीं पहचानता हूँ !
क्यों की वक्त नहीं हैं पास किसी के बैठ पाने का
दुःख तो तब होता हैं
बाद उसके गुजर जाने का
वर्ना ! नहीं होती पहचानने में
मन पर कोई भूल
देख गिरे ज़मीन पर
गुलमोहर के फूल
गुलमोहर के फूल ॥

34. सीप

आकार लिये सीप
देखो ! समुन्दर में
कैसे ! जूझता है लहरों के बीच
लहरों के बवंडर मे
शंख सा साकार होने के लिये
है जिद करता
कितना उथल -पुथल
हरदिन है मचता
कितने भयानक जीव भीतर
अनगिनत बार
फेंकती जिसे लहरें
निकाल बाहर कितनी बार !
पर हठी ,दृढ़ -संकल्प लिये
भला ! कहा डरता है ?
धारण कर रुप शंख का,
एकदिन शंखनाद बनता है ।
युद्ध हो या देव- पूजा ,
दोनो का आहवान करता है ॥

35. सब बिकता है

स्वरूप वास्तविक
कभी -कभी वैसा नहीं होता
जैसा की दिखता है
चकाचौंध रोशनी में देखों
पुराना माल भी बिकता है
खरीदते लोग ऊँचे -ऊँचे दामों पर
क्या फर्क पड़ता हैं
अपनी -अपनी पसंद यह तो
आखिर हर कोई सोच रखता हैं
शहर के बाजार में
यहाँ सब बिकता है
धूल- माटी हो सही
एक नया नाम देकर
लेबल बिकता है
दुकानदार कहता है
कुछ लगता नहीं बाकी सा
इंसान तक बिकता है
सच कहूँ तो इंसान ही
इंसान को लुटता है
कैसे कहूं बात ईमान की
स्पष्ट सब दिखता है
शहर हैं साहेब
यहाँ सब बिकता है॥

36. खिलौना

बाजार में ,
यूँ ही एक नजर दौड़ गयी
खिलौनों की दुकान पर
खिलौने दिखे हाथ हिलाते
हँसते -खिलखिलाते
बेजान होकर भी मानों
मन ही मन मुस्कुराते
और देखा आदमी को
जीवित गहन चिंतन में
लटकाये चेहरा लिये
उथल -पुथल निज मंथन में
देखता रहा खड़े -खड़े
आते जाते लोगों को
कभी खिलौनों पर
कभी आदमी पर
सोचता रहा देर तक
दोनों चेहरों पर ।

37. एक लड़के की मनोस्थिति

कितनी
खुशामद के बाद
वो लड़का !
काम पर लगा होगा ?
क्या पता आज घर का
उसके चूल्हा जला होगा ?
कितने खुश होंगे परिवार के लोग
महीना पूरा होने पर
कुछ प्रसाद पहले से भी
भगवान को चढ़ा होगा
वो ! देख रहा था बैठ कर सभी को
झाड़ियों के बगल से
सहमा -सहमा सा सभी के नज़र से
हमारे जाने के बाद शुरू करेगा
अपना काम !
बिखरे दोने -पत्तलों को समेटने का काम
फिर से एक एक चीज को
अपनी -अपनी जगह
उसे हमारे खेल -कूद से क्या ?
खिले रंग- बिरंगे फूलों से क्या ?
उसे मतलब रहा होगा तो सिर्फ
हमारे जाने के बाद
उस पार्क की सफाई का ध्यान
होटल छोड़ने से पहले
सोचता रहा उसके लिए

कितनी पीढ़िया लगेंगी
हमारी तरह उठने में
जो सिकुड़कर बैठा था दूर
दबाये खूद को गुठने में ।

38. अमरबेल

नहीं -नहीं !
बिल्कुल नहीं !
अमरता का वरदान नहीं !
वर्चस्वता का लिए मन पर
तनिक भी ख्याल नहीं !
अच्छा होगा बन जाऊ
कहीं वीरानें में बनफूल
या बन जाऊ किसी पथ पर
पथिकों की पग धूल !
हां ! नहीं चाह निज जीवन खातिर
शोषित मैं कहलाऊ
नहीं- नहीं ! कभी नहीं !
आह ! किसी का पाऊ
नहीं ! चाह मुझें बनने की
अमरबेल हो जाऊ
अमरबेल हो जाऊ ।

39. ताल चिरैया

बरसों बीत
जाने के बाद भी
वो ताल याद आता है
सच कहु तो आज भी
मेरा गांव याद आता है
याद आती है ताल चिरैया
नन्ही- नन्ही मछलियाँ
सरकंडों की झाड़ियाँ का
वो गुब्बार नज़र आता है
आज भी मेरा गांव याद आता है
वो अनंत आसमान का आँगन था
जिसमे पलकर बड़ा हुआ मैं
जिस मिट्टी में घुटने चलकर
चलना सीखा खड़ा हुआ मैं
जिसके पथ पर अनगित बार
छिदे कंटको से नंगे पाँव
उस चुभन का अहसास ललायित
सुखमय मन को भाता है
आज भी मेरा गांव याद आता है
याद आते है बाग़ बगीचे
थे दिन बीतते जिनके पीछे
कभी बांस के झुरमुटों में
बगुलों के पीछे -पीछे
वो सांझ निराली ग्रीष्म भरी
कोयल के स्वर मधुर भरी

वो अमराई का दिन भला !
कहाँ भूल मन पाता है
आज भी मेरा गांव याद आता है
वो रात निराली तारों भरी
जब गिनते थे एक- एक तारे
बिस्तर पर घर आँगन से
अंतरिक्ष के लिए नज़ारे
हां ! स्पष्ट नज़र आते थे
जब सप्तर्षि के तारे
आज धुएं भरे शहर
जो संभव नहीं है प्यारे !
रजनी की वो छवि निराली
याद घुमड़ मन को आता है
आज भी मेरा गांव याद आता है

40. पत्ता

पत्ता ! मामूली सा
पत्ता है तो क्या ?
उसका भी तो जीवन है
ठीक हमारी तरह !
उसका भी जन्म उसकी मृत्यु भी
एक निश्चित अवधि तक
उसमे भी प्रस्फुटित होंगे भाव
बदलते होंगे हर ऋतु में स्वभाव
जैसे वसंत में किसी टहनी पर उगने के बाद
आनन्दित होगा उसका भी मन
चिडियों संग गाता
लहराता हवा संग
उसे भी महसूस होगी
ग्रीष्म की धधकती तपन
बरसात में लथपथ वह भी खूब भीगा होगा
कभी हमारी तरह शीत से ठिठुरा होगा
उस देश काल में
उसका भी योगदान होगा
एक- एक बूँद ही सही
बूँद- बूँद से सागर बनता है
उसकी पत्तियों ने भी लगाया होगा जोर
हवा को तीव्रता देने के लिए
बड़ी -बड़ी आँधियो में उसका भी श्रेय होगा
छाया में हरियाली में
वह भी शामिल होगा

जब तक पतझड़ आने तक
उसकी उम्र पूरी नहीं हो जाती
और एक दिन वह भी विलीन जो जाता है
हमारी तरह मिट्टी में मिलकर ।

41. हरदिन की तरह

वह भी दिन होता है
सप्ताह का कोई भी दिन ले लो चाहे
तारीख भी वही होती है
एक से इक्कतीस के बीच
मौसम का भी मिजाज कुछ नया नहीं होता
धूप होगी या बादल छाये
बरसात या तूफ़ान आये
या पतझड़ होगा या फिर
वसंत ऋतु ग्रीष्म होगा या शरद ऋतु
इन्हीं के बीच सब कुछ चलता है
जिस दिन किसी को मृत्यु पर जाना होता है
वैसे भी क्या पता होता है ?
वह तो हरदिन की तरह चलता है
अपने काम पर
भला ! किसे पता उसदिन के
आखिरी मुकाम पर ।

42. माँ का आँचल

आज
भी माँ का
आँचल
असीमित लगता है
जैसे असीमित
यह आसमान
एक अनंत
खुलापन
बिना कुछ
और चाह लिए
उन्मुक्त
पंछी सा उड़ान
भरते
आज
भी माँ का
आँचल आसमान की तरह ...

43. धन्यवाद

धन्यवाद ! सभी को
धन्यवाद !
हे ! धरा
हे ! आकाश
तुम्हें धन्यवाद
वायु तुम्हें धन्यवाद
जल तुम्हें धन्यवाद
हे ! सूक्ष्म वनस्पतियाँ पेड़
पौधों तुम्हें धन्यवाद
तुमसे ही तो जीवित रहा हूँ अब तक
तुमसे ही गति भरता रहा हूँ
अनंत दूर तक फैले खेत -मैदान
तुम्हें धन्यवाद
उपजे अन्न के दानों से जिनके
अंतर् तृप्ति का हुआ आह्‌वान
धन्यवाद हर पथ को धन्यवाद
चलकर गए पग मेरे जिसपर
हर पथिक को धन्यवाद
पंछी को सूरज को
रात को दिन को
तारों को चाँद को
अदृश्य उन स्थानों को
जिन्हें कभी न देख पाया
पिता को माता को जिनसें यह देह पाया
धन्यवाद ,

क्या पता धन्यवाद कहने को
कभी मौका न मिल सकें
किसी दिन सदा के लिए
जब आँखे न खुल सकें
तब कोई यह न कह सकें
बिना कुछ कहें चला गया।

44. माघ में आगमन

अचानक
गावं पहुंचना हुआ
सचमुच बरसों बाद
माघ में आगमन हुआ
द्वार पर
बिछौने की तरह फैले थे
चिलबिल से ,नीम से
सूखे- पत्ते कुछ अध-पके पत्ते
छोड़कर अपनी टहनियों को
गिर रहे थे झर -झर
हल्के झोंके संग
टहनियों से छूटकर
आभाष हो आया
दिन पतझड़ है आया
मन पर ग्रीष्म का चित्र से उभर आया
उम्र में बड़ा हो गया तो क्या
बचपन का दिन याद हो आया ।

45. लिखने के लिए बहुत कुछ है

कुछ लिखने के लिए
कुछ होना जरूरी बनता है
बिना विषय लिए भला
कौन कुछ लिखता है ?
हां ! यूँ ही नहीं चाक पर
कुम्हार कुछ गढ़ता है
पर जहां कुछ नहीं ?
फिर भी कुछ रहता है
जैसे ख़ाली स्थान का सूनापन
जो कुछ कहता है
इसलिए लिखने के लिए सदैव
बहुत कुछ रहता है
जैसे साधारण सा आदमी
चला जा रहा है देखों
अपने पथ पर किसी उद्देश्य को लेकर
क्या उत्साहित नहीं होगा मन उसका
अपने लक्ष्य को छूकर !
जहाँ विषय मायने नहीं रखता
कुछ होकर या ना होकर ।

46. चुप्पी

बहुत देर तक
चुप्पी साधे वह देखता रहा
पूछने पर स्कूल के बारे में
कुछ न कहा
मानों बहुत कुछ भीतर चल रहा था
उसके मन को पहचान रहा था
आखिर पहला दिन था उसका
कोई दूसरा लड़का उसे समझा रहा था
कब कैसे आना है रात नौ बजे तक जाना है
बाकि मास्टर जी सब बता देंगे
तुरपाई कटिंग समझा देंगे
उत्साहित हो टेबल के पास खड़ा था
फटे- पुराने कपड़ो के बीच
सड़क के फुटपाथ पर
फटी तिरपाल के निचे
वह तेरह साल का लड़का
पहली बार आया था काम पर ।

47. मेरे गाँव की कुम्हारिन

आज भी
कुछ मिट्टी के बर्तन
सुराहीनुमा !
दिखाई पड़ते गांव के घर में
एक कोने में सुनिश्चित स्थान लिए
हां ! बचपन से ही देखा था
अक्सर ! वो आ जाती
एक टोकरा सर पर धरकर
दीपावली से दो तीन- दिन पहले
ढेर सारे दीये लेकर
और भी मिट्टी के बर्तन
लक्ष्मी को गणेश को लेकर
जिसके दीये जगमगाते थे
मन -भीतर साल दर साल खुशियाँ देकर
अनाज भर देती थी माँ !
उसके टोकरे में कभी
खाली नहीं जाने देती थी उसे
पर वो नहीं है तो क्या ?
अपनी मृत्यु उपरांत भी
वो जीवित है मेरे घर में
अपने हाथो से बनाये बर्तनो में
जिसकी मिटटी जानता हूँ
ढ़ो -ढ़ो कर लाती थी वो
कंधो के बल से
जीने के लिए

निज जीवन के संघर्ष से
गांव से बाहर सड़क किनारे से
हां ! कई बार देखा था उसे
फावड़ा टोकरा लेकर जाते
सड़क की तरफ
जब मैं छोटा था ।

48. जोशीमठ

मुझें जीने देते
काश !
बेरोक- टोक बेबाक
आज मन न होता अवाक् !
गिरने देते झरनों को
अपनी चंचलता में
उड़ान भरते पंछियो को
उनकी कलरवता में
न होता वनों में शोरगुल
जो खुश थे अपनी नीरवता में
पर नहीं माने तुम
हे ! मानव
लिए जिद अपनी हठ
भला ! क्या करता
जोशीमठ !
सोचो ! जीत किसकी हार किसकी
किसकी चित
और किसकी पट
प्रश्न करता चुपचाप खड़ा
मृत्यु के दहलीज़ पर
जोशीमठ !
जोशीमठ !

49. यात्रा

सच कहूं तो
यात्रा यथार्थ से
अनुभव कराती है
नये जीवन से नये रास्तों से मिलाती है
बदलते रूप रंग जीवन के
सद्दश्य दिखाती है
कहीं दुःख -दर्द लिए
अथाह कहीं हर्ष लिए
जीवन को दर्शाती है
यात्रा यथार्थ से
अनुभव कराती है ।

50. गाँव

एकदिन
गाँव तब गाँव नहीं रह जायेंगे
गाँव के छोर पर खड़ा
पीपल ,बरगद जब कट जायेंगे
नहीं रहेंगे तालाब- पोखर
जब समतल पट जायेंगे
तालाब की मछलियाँ ,
घूमते बगुले
लिए मन पर एक ख्वाब सा बन जायेंगे
गाँव तब गाँव नहीं रह जायेंगे ।
अनगिनत पेड़ों के बगीचे
जब धीरे- धीरे छट जायेंगे
तब साँझ- दुपहरी के मायने हट जायेंगे
चहचआहट पंछीयों के स्वर
कहीं जब लुप्त हो जायेंगे
कहाँ सुग्गा कहाँ मैना
कोटर जब नजर न आएंगे
और महुवा क्या कटहल क्या
इमली जामुन बड़हर क्या
जब बातों में ही हम बातियायेंगे
गाँव तब गाँव नहीं रह जायेंगे
हां ! रह पायेगा गाँव भी गाँव बनकर
बरगद, पीपल की छाँव बनकर
नयी पीढ़ियों के संग- संग भी
रखे इसे सहेजकर

जब फिक्र लिए अपनों सा
पेड़ हम लगाएंगे
तब गाँव -गाँव रह जायेंगे
गाँव बाहर बांस आपस में
फिर चर्मरायेंगे
गाँव होने का महत्व समझ पायेँगे ।

51. तूफान के बाद

कश्तियाँ फिर
लहरों पर लौटेंगी
फिर से समुन्दर पर थिरकेगी
फिर से खड़े होंगे धीरे -धीरे लोग
फिर से हाथों में लिए जाल
नए संघर्ष के साथ
फिर से खड़े होंगे तट के पेड़
दिखेंगे फिर से
शीप -शंख बटोरते
मछुआरों के नन्हें -नन्हें बच्चे
फिर से....।

52. परिचय

भला ! कौन
कह सकता है
उनका कोई परिचय नहीं
जिसे तुम नहीं जानते
मैं नहीं जानता
जो चले जा रहे यूँ ही
फुटपाथ पर अकेले
कुछ तो होगा उनका भी परिचय
कहीं तो होगा उनका गांव
जन्म स्थान, पले -बढ़े होंगे
होगी उनकी भी
संघर्ष की कहानियाँ
अनभिग्न तुम हो मैं हूँ तो क्या ?
हर कोई लिए है
अपना- अपना परिचय
पढ़ा- लिखा हो या कोई अनपढ़
मायने रखता है
सबका परिचय ।

53. देखना

कुछ देखना
चाहते हो तो देखना
कभी साँझ को !
साँझ में लौटते पँछियों को
अपने- अपने घोंसलों की ओर
उनकी कतार को
जैसे कतार में जाते मजदूर को
उनके कंधे पर औज़ार को
फावड़े को कुदाल को
धूल- धूसरित उनके पाँव को
जो लड़ता जीवन संघर्ष लिए
दिनभर की थकान को
हां ! देखना
कभी मन करें तो कभी...।

54. अफ़सोस

धीरे- धीरे
कुछ पता नहीं चला
कब मेरे खुली आँखों के सामने
घनी बस्ती खड़ी हो गई
पेडों के स्थान पर
खाली मैदान पर
नई- नई बिल्डिंग जड़ी हो गई
पट गए खाली स्थान
लिए खुलेपन की पहचान
धड़ल्ले से हो रहा निर्माण
सोचता हूँ कुछ स्थान होता शेष !
पँछियों के नाम विशेष
एक वसीयत की तरह
तो नहीं होता उनके लुप्त होने का कारण
कहीं दूर पलायन का कारण
वे भी अधिकार की लड़ाई लड़ते
किसी कोर्ट -कचरी में जाकर
पर अफशोष !
कोई क़ानूनी कागज नहीं है
उनके पास
बिना किसी सबूत कुछ नहीं
आखिर कानून के आँख पर पट्टी बधी है ।

55. छुट्टी के दिन

सोचता हूँ
क्यों न देखूँ
छुट्टी के दिन
निकल बाहर
मिलु सुबह -सुबह
उतरती सुनहरी किरणों से
वृक्ष पत्तियों पर
बैठी धूप से
घोंसले से पँछियों से
जीवन कोटर से
छतनार टहनियों से
लहराते हवा संग बादलों से
अपार नभ से
नदी से पोखर से
पोखर की मछलियों से
नेवले से केकड़े से
कौवे से बगुले से
उपवन से
क्यों न चले ! निकल बाहर
शहर में छुट्टी के दिन ।

56. नीम पर नए पत्ते

कोमल -कोमल नए पत्ते
नीम पर उभर आये है
मन भावन दिन चैत के
देखो ! फिर लौट आये है
लिए खूब है बौर अमराई
दूर- दूर तक महकाई है
टप -टप गिरता महुवा देखो !
मधुरस चहु दिशा छाई है
तरुओं पर हरियाली देखो !
टहनी -टहनी मुस्काई है
ऋतू बसंत की छवि निराली
कोयल बोल सुनाई है
खेत- खलिहान में चहल- पहल है
पकी फ़सलें खनखनाई है
सज धज कर नव -दुल्हन कोई
मानों द्‌वार- द्‌वार घर आयी है ।

57. पतझड़ में बेचारे ! पत्ते

कभी हवा का
झोंका आकर
करता तितर- बितर सब खोकर
तब मारे -मारे धूल में फिरते
देखो ! कैसे हक्के- बक्के
पतझड़ में बेचारे ! पत्ते
कभी तरु की ऊँची शाखा पर
बैठ बहुत जो इतराते थे
कभी हवा संग कभी पंछी संग
बातें खूब बतलाते थे
पर धरा रह जाता है धरा पर
जो जीवन पर इठलाते है
देखो ! कैसे मिट्टी में मिलकर
मिट्टी वह बन जाते है
कभी उभर तरु टहनी पर
जो थे कभी मधुमखी सा छत्ते
पतझड़ में बेचारे ! पत्ते ।

58. प्रकृति का संदेश

नए पत्तों से
सजी टहनियाँ
कोयल कहीं कुहुक रही है
टपक रहे है महुवा देखो !
अमराई बौर से महक रही है
अदभुत दृश्य प्रकृति का देखो !
कलियाँ कैसे बिहस रही है
दुर्दिन पतझड़ के फिर बाद
नव चेतना उभर रही है
जीने का संदेश देती
प्रकृति तरुओं से कह रही है
देखो ! कैसी मन भावन
हवा सुहानी बह रही है
मत होने देना तुम मन को
उदास कभी निर्जन होकर
अहसास जीवन का वही पाता है
जो जीवन की खाता ठोकर ।

59. चिलबिल

अक्सर ! हरदिन
बटोर ले आता था
छत से
मुटठी भर चिलबिल
ग्रीष्म के दिनों में
जब था बचपन
जो उड़- उड़कर आ जाया करती थी
मेरे घर आँगन में
उतरती आसमान से
मानों मेरे लिए
मेरे गांव के आँगन -आँगन में
जिसका पेड़ था खड़ा
गांव से बाहर बगीचे में
उस पेड़ से मिला भी हूँ
न जाने कितनी बार
लिपटकर उसकी टहनियों पर
झूला -झूलता था कितनी बार
नाखूनों से ख़िलहोर खाया हूँ
चिलबिल को
न जाने कितनी बार
कितनी बार ।

60. शहर में दौड़ते लोग

देखता हूँ
हरदिन
यह दौड़ ही तो है
हरदिन मेट्रो की दौड़
बसों की दौड़
अनगिनत सीढियां चढ़ने की दौड़
फिर सीढियां उतरने की दौड़
सुबह- शाम दोपहर
काम की दौड़
असंख्य आते -जाते लोग
भीड़ की दौड़
कई ट्रेनों को बदलने की दौड़
कभी इंतज़ार की दौड़
ऑफिस पहुंचने की दौड़
हरदिन जीवन का हिस्सा
शहर का यही खिस्सा ।

61. पहचान

जरुरी है की मुझें भी
कोई जाने
भीड़ में
कोई तो पहचाने
यूँ चुपचाप रहे तो क्या ?
भीड़ का एक हिस्सा !
मूक बने रहे तो क्या ?
सोचो ! तुम नहीं तो क्या ?
यदि हो तो यह जानो
खुद को पहचानों
निकलकर भीड़ से
आवाज दो
तुम हो अपनी
पहचान दो !

62. हलचल

मुझमें ही नहीं
हर तरफ़ हलचल है
हर क्षण में ,हर पल में
हां ! देखो हलचल बादलो में
पंछियो में तरुओं में टहनियों में
प्रकृति के अंग- अंग में
हर रंग- रंग में
हवा में नभ में,
धरा के गर्भ में
जहाँ अछूता नहीं कोई रहा
इस सन्दर्भ में ,
हलचल बाहर ही नहीं
बल्कि चल रही
सबके में मन -मन में .

63. गंदे नाले पर

सूअर ! बड़े मजे से
गंदे नाले पर
अठखेलियाँ खेल रहे थे
एक दूसरे को धकेलते
गंदे पानी में खेलते
कुछ और भी थे
जो सुबह की धूप
बेसुध ले रहे थे
कीचड़ से सनकर ...
एक पल सोचने लगा मन
कैसा जीवन का दिन हैं दुख:मय
भला ! किसे कहें वो जाकर ?
कौन उनकी सुनेगा ?
अरे ! उन्हें क्या स्वच्छ पानी
क्यों बुरा लगेगा ?
यह तो दोष मनुष्यता का है
आरोप जो उनपर गड़ते है
शर्म हमें होनी चाहिए
जो हम नहीं करते है
अपलक
देख रहा था ...
दिल्ली मेट्रो के खिड़की से
नाला जो बहकर गिर रहा था
यमुना नदी की गोद में
यमुना को समेटे अपने उन्नमोद में

जिसकी पूजा तो हम करते हैं
पर यमुना की दुर्दशा पर
शायद बात नहीं करते हैं
जाने क्यूँ चुप्पी
साधे -साधे रहते हैं ?

64. कई- कई आँखें

हवा संग इधर से उधर
घुमड रहा था वो !
दोनों तरफ बैठे लोगों के बीच
कहीं दुबक रहा था वो !
आँखें थी एक नहीं,
कई- कई आँखे
जो निहार रही थी उसे
और वह भी निहार रहा था सभी को
हिम्मत नहीं थी किसी में
उसे उठा पाने की
आखिर ! शाख का सवाल
जो था गिर जाने का
वर्ना ! कोई असहाय सा नहीं दिखता
चेहरों पर सहमा सा भाव नहीं खींचता
अचानक से उठा लिया झुककर
रख लिया बैग के भीतर
सब शांत सा हो गया
कोई बोझ तो नहीं था आखिर !
खाली बिस्किट का पैकेट था वो !
किसी ने फेंक दिया था खाकर
मेट्रो ट्रेन के भीतर
आखिर कुछ फ़र्ज़ भी तो बनते है
करने को देश के ऊपर ! ॥

65. आयी ऋतु वसंत

नव -दुल्हन सी
धर कदम
कोमल किसलय लिए बदन
देखो ! आयी ऋतु वसंत
चहु दिशा रंगी है रंग सतरंगी
अठखेलियाँ करती
हवा उमंगी
उभर आयी है नई कोपलें
टहनियाँ कल तक थी जो नंगी
मादकता से मस्त है भौरें
लिए पराग फूलों से
तितलियाँ भी झूल रही
क्यारी- क्यारी झूलों से
आयी बहार मौसम बदला
देखो ! हुआ पतझड़ अंत
आयी ऋतु वसंत
आयी ऋतु वसंत ॥

66. झरबेरी

यूँ ही
बातों - बातों में
झरबेरी की बात उभर आई
सहसा मन पर स्मृतियों की बदरी घिर आई
कैसे लुभाकर मानों बुलाती थी
मन को अक्सर ! ललचाती थी
नादान बच्चें थे हम
जाकर उलझ जाते
और वो छोड़ना नहीं चाहती थी
अपने नुकीले कंटको से अंगुलिओं को मेरे
कभी खींचती कपड़ो को
अगल- बगल से
कई घंटे बीत जाते थे
झरबेरी के संग- संग जो
झाड़ीनुमा खड़ी आज भी
मेरे गांव के बाहरी सड़क किनारे
जहाँ से अक्सर स्कूल निकलते थे बच्चें
उसे निहारते
जिसे आज भी भूल नहीं पाता
मन पटल से ।

67. कवि का दायित्व

आजकल
बहुत कुछ लिखा जा रहा है
हरदिन ! बहुत कुछ
महज लिखने से
कवि का दायित्व पुरा नहीं हो जाता
कवि को छोड़ना होगा
स्वंम का साथ
बंधनों को को तोडना होगा
कवि को होना होगा सन्यासी
जाति- पाती से ऊपर उठकर
मुख मोड़ना नहीं किसी से
बल्कि गढ़ाए दृष्टि उसपर
देखना होगा महल की चारदीवारी को
और दूर अभावों में
टूटी -झोपड़ी का दर्द भी
सुनना होगा झांक कर
किसी रात घांस की चटाई पर
कैसे जागता है बारिश में भीगकर
किसी कोने में दुबककर इंसान
हां ! कवि का दायित्व है
हर मुश्किलों में भी
हिम्मत न टूटने देना
उम्मीदों को जीवित रखना
मरने नहीं देना
चलना होगा जंगली रास्तों से गुजरकर

हर किसी को साथ लेकर
सूरज को चाँद को छूकर
बैठ सागर लहरों के ऊपर
कवि का दायित्व है सदा
न रहना कभी आंखे मूंदकर ...||

68. सबकुछ छूटा

बड़े हो गये
सबकुछ छूटा
बचपन गाँव से रिश्ता टूटा
शहर की गलियों में उलझकर
अनजाने सा ऐसा गूथा
सबकुछ छूटा
सबकुछ छूटा...
कैसे बड़े मजे होते थे
ग्रीष्म के जब दिन होते थे
बाँस के झुरमुटों में
वनमुर्गी, बगुले खूब होते थे
दिन दुपहरी में कहाँ भला
बचपन में हम सोते थे ?
हकीकत उस जीवन से
चिरपरिचत होकर रिश्ता टूटा
सबकुछ छूटा
सबकुछ छूटा...
बाग बगीचों संग दिन बीतता
गाँव तालाब में लगते गोते थे
कभी महुआ, कभी कटहल, पीपल ,
कभी बड़हड़ कभी जामुन, शीशम
पेड़ों के कोटर -कोटर
मारे- मारे जब फिरते थे
तब गर्म लू के झोंके से
पेड़ तनो में जा छुपते थे

भुन जाते थे पाँव उस रज में
जब नंगे पाँव ही चलते थे
यथार्थ जीवन के उस पथ से
लगता सबकुछ पीछे छूटा
सबकुछ छूटा
सबकुछ छूटा ....
जामुन, इमली ,आम पेड़ पर
मजे बहुत हुआ करते थे
जब खट्टे कच्चे आमों को
तोता खूब कुतरेते थे
उस जूठी गुठली के खातिर हम
लड़ते बहुत झगड़ते थे
अक्सर नदी पर कम जाते थे
एक भय लिये मन पर डरते थे
अहसास विगत उन स्मृतियों से
न जाने कैसे रिश्ता टूटा
सबकुछ छूटा
सबकुछ छूटा ....॥

69. सप्तपर्णी (छितवन)

अक्सर
सप्तपर्णी का आभास
आज भी हो आता है मन पर
अपनी सुगंध फैलाती
मादकता को महकाती
मानों लुभाती
अपनी ओर खींच बुलाती
दूर -दूर तक
भीतर घर- आंगन
द्वार में
आते ही शरद लिए
मौसम माह
कुंवार में ।

70. दो पेड़ुकिया

छत के ऊपरी
हिस्से पर
बैठी दो पेडुकियों को देख
ढलती साँझ में
बतियाती कुछ बातों के बीच
माँ कहती !
अभी कुछ ही देर में
उड़ जाएँगी
अपने- अपने खोते में ।

71. पुराना मकान

गाँव के पुराने मकान में
अब कोई नहीं रहता
बंद रहता है अक्सर !
कभी खलता था उसका अकेलापन
एक खालीपन मन पर
जब छोड़ उसे
नए मकान में चले गए हम
बहुत दिनों बाद एकदिन
बंद ताले को खोला तो
उसी शोरगुल से भरा था आँगन
जैसे रहा करता था
हमारे न होने से क्या ?
कोई तो रहता है
देख अनेक गौरैयों को
प्रफुल्लित हो उठा मन ।

72. तोते वाला

साईकिल के
हैंडल पर
बांधे डंडियों पर तोता
लटकाएं
नकली ही सही
तोतों का झुंड़ लिए
वो ! जा रहा था
गांव- गली में आवाज़ लगा रहा था
कुछ बिक गए थे
हां ! खाली डंडियों के रिक्त स्थान दिख रहे थे
और बचे जो उनका
बिकना जरुरी होगा
क्या पता ? जीने के लिए
पेट भरने के लिए
उन तोतों का बिकना
कितना महत्वपूर्ण होगा
उसके लिए !
आने वाले त्यौहार के लिए
निज कुटुंब के लिए
नए कपड़े -नई चप्पल और भी
बहुत कुछ बच्चों की ख्वाइशों के लिए
खुशियों के लिए
मेहनत से वो आवाज लगाता
चला जा रहा था
दुपहर की कड़ी धूप में ।

73. गाँव में साँझ

एकाएक नहीं !
छुप जाता सूरज
पश्चिम के बादलों में
बल्कि वह तो उतरता है
धीरे -धीरे
पंछियों के पंखो पर
फिर वृक्षों के फुनगी से होकर
अपनी लालिमा बिखराए जा छुपता है
तरुओं के पीछे
घुलने लगती है लालिमा
बादलों के धुंधलेपन में
एक गाढ़ापन घिरता चला आता है
धीरे- धीरे गहराता सा
डरावने किसी आवारा
घूमते काले सांड की तरह
और मौन होने लगती है
पंछियों की कलरवता
यूँ ही ढ़लती है
साँझ प्रतिदिन गाँव में ।

74. छत पर जंगल

बताया
किसी ने
बरसों से गाँव में बंद मकान पर
अनगिनत खरपतवार
उग आए है
बरसात आने पर चारों तरफ
छत पर जंगल घिर आए है
कभी एक दूभ भी
असमर्थ थी छत पर
चढ़ जाने में
आज फैलाये
अपनी जड़ों को
ईंट दरारों को कब्जाए है
छत पर जंगल उग आए है ।

75. मन के सवाल

कभी अकेले में
खूद से पूछता हूँ
कुछ सवाल !
कहाँ चले गए होंगे कहाँ ?
भटकते -भटकते
सुग्गों का वो दल !
जो अक्सर ! भोर से ही चहचआहट लिए
गांव की बगियों से उड़ान भरते
नींद से जगाकर मेरे आँगन ऊपर से
जाते तीव्र रफ़्तार से
नदी की ओर
अमरुद के बगीचो की तरफ
जो अब छिटपुट कहीं
दिख जाये तो गलीमत है
अब उन सुग्गों का दल कहाँ ?
साँझ ढ़लते बागों का
शोरगुल कहाँ ?
अक्सर ! ऐसे सवाल कौंधते है
मन पर रह- रहकर
किसी से कुछ चर्चा
नहीं करना चाहता हूँ
इन विषयों पर
शायद किसी को समय नहीं
फालतू बातों पर ।

76. पहाड़ों की सुबह

पहाड़ों की सुबह होती है
धुंधलाई सी
मानों नींद में डूबी
नींद में उठती अलसाई सी
लिए अंगड़ाई सी
चारों तरफ जहाँ तक जाती नज़र
मानों बादल उतर आते है
हरदिन रात में
सुस्ताने के लिए पहाड़ों पर
थक जाते होंगे बेचारे !
नभ में टंगे -टंगे
एक ठंडापन लिए
लुभाता जो मन को
शायद बादलों के आने से
जो फिर उठने लगते है
धीरे- धीरे ऊपर
घाटियों से निकलर
जंगलो से ऊपर उठकर
आसमान की ओर
फिर चमकने लगती है सूर्य किरणें
पहाड़ों की चोटियों पर शीशे की तरह
और मिटने लगता है
बादलों का धुंधलापन
तब सुबह प्रारम्भ होती है
धीरे -धीरे -धीरे...।

77. ऊसर जमीन

खाली पड़ी जमीनें
कोरे कागजों की तरह लगती है मुझें
जैसे खाली पन्नों पर
तरह -तरह की कविताएँ
उपजाता है कवि
क्यों न कवि की तरह
लगे रहें दिन -रात
कुछ नयेपन के लिये
क्यों न कुछ उगाया जाये उसपर ?
क्यों न बनाया जायें
घर बेघर का उसपर ?
क्यों न बनाया जायें ऊसर हरा भरा ?
जीवन के लिये सौगात
भुलकर बिते अवसाद ॥

78. शहर बनारस

शहर बनारस
यह शहर गलियों का है
या गलियों में छुपा शहर !
बिना रुकें चलता रहता
हर पहर
अक्सर ! बुजुर्ग भी कह उठते है
आज भी जस का तस है
काशी कह लो या वाराणसी
यही तो बनारस है
माना मुट्ठी है खाली
पर लगता उसको सर-बस है
जाने कैसा मोह छाया है
चढ़कर सब पर एक रस है
यही तो बनारस है ।

79. क्यों न आंधी तूफान आये

भोर होते ही देखो ! पंछी
निकल पड़ता है
सुदूर नभ की उड़ान भरता है
दृढ साहस लिए
भला कहाँ डरता है ?
छोड़ अपने नीड़
अंडे बच्चों के लिए
नित्य यही कर्म करता है
क्यों न आंधी तूफान आये
पावस अपने जल बरसायें
फिर भी पंछी मीलों की दूरी
नभ के पथ पर तय करता है
पंछी देखो ! निकल पड़ता है ॥

80. भोर का सपना

किसी से सुना था
भोर का सपना
अक्सर सच होता है
मैंने देखा है आंधी -तूफ़ानों से
रौंदी गई टहनियाँ ,पतझड़ से प्रताड़ित
जगह -जगह दिखे ठूठे खड़े पेड़
जिसपर देखा फिर से
नए पल्लव की
डिभ उगने लगी है
टहनी- टहनी फिर से सजने लगी है
जो मानकर हार बैठी थी जीवन में
फिर न बसंत आयेगा
नए रंग में रंगने लगी है
सच कहु तो प्रफ्फुल्लित मन है आज
फिर से बरस बाद
बसंत के आगमन पर
फिर दिन बदलेंगे
हां ! सपने में ही सही
तो क्या हुआ
यह भोर का सपना था जो
अक्सर सच होता है ॥

81. जब बाधित हो पथ

धैर्य जरुरी है रखना
एक मर्यादा तक
जैसे श्रीराम ने रखा था
कई दिनों तक
लेकिन प्रकट न हुआ सागर
तब धैर्य टूटा प्रत्यंचा पर चढ़कर
और रास्ता सुगम हो गया उभरकर
परिस्थितियां न हो जब अनुकूल
बाधित पथ हो प्रतिकूल
तो भी डरता नहीं पथि
क्यों न चुभे अनगिनत शूल ॥

82. पढ़ाई

पढ़ाई सिर्फ बच्चें ही
नहीं करते
बल्कि संग- संग पिता करता है
माँ करती है
स्कूल जाने का जो
हर इंतजाम करती है
कल देना क्या है नास्ते में
ख्याल करती है
सुबह पहले उठती है टिपन भरती है
दौड़ -भाग कर ,
चलकर स्कूल छोड़ती है
माना माँ ! अनपढ़ सही
फिर भी वह पढ़ती है
कॉपी- किताबों को
अक्सर वही सवारती हैं
और पिता भी हर दिन पढ़ता है
स्कूल फीस के लिये
दिनभर काम से लड़ता है
लौटते हरदिन
हाथ में कापी कभी किताब
या पेंसिल रबड़ लिये रहता है
सोचों कैसे पिता नहीं पढ़ता है
एक उम्मीद लिये जीवन में
कुछ बन जाने की
आस लिये धरता है

विद्यार्थी ही नहीं सिर्फ पढ़ता है
संग- संग माता पढ़ती है
एक पिता भी पढ़ता है ॥

83. जीवन परिचय

वह चला जा रहा
देखों ! अनभिग्न
साधारण इंसान है
तो क्या ?
धूल -धूसरित
अपने ही जोड़ -तोड़ में
निज जीवन को जीने की होड़ में
तो क्या ?
मायने नहीं रखता
उसका जीवन परिचय !
आये उतार चढ़ाव कितने होंगे
उसके जीवन में ?
जानना चाहता हूँ
साधारण इंसान है तो क्या
उसे पढ़ना चाहता हूँ ।

84. मैं प्रकृति का प्रेमी हूँ

मैं प्रकृति का प्रेमी हूँ
लिखता हूँ पेड़ों पत्तों पर
कभी पंछी पर कोटर पर
कभी मधुमक्खी के छत्तों पर
मैं प्रकृति का प्रेमी हूँ
लिखता हूँ पेड़ों पत्तों पर
सतरंगी कभी तितलियों पर
कभी तितलियों के मन पर
कभी नीले -नील गगन पर
कभी विस्तृत सागर के जल पर
मैं प्रकृति का प्रेमी हूँ
लिखता हूँ इस क्षितिज पर
कभी जाग आधी रातों में
निहारता हूँ तारों को
अनंत दूर अन्तरिक्ष में
जलते अंगारों को
कहीँ उतर न आये जो धरा पर
डर लगता पुच्छल तारों पर
मैं प्रकृति का प्रेमी हूँ
लिखता हूँ गगन सितारों पर
कभी अम्बर पर कभी धरा पर
समस्त इस चराचर पर ॥

85. नीलकंठ

घर की मुंडेर पर
आ बैठा
कहीं से उड़कर
नीलकंठ !
इसका दिख जाना माँ कहती
भाग्य होता है
देख पाता जो इसे सौभाग्य होता है
ईश्वरीय छवि को करता प्रदर्शित
यह पावन होता है
देख जिसे प्रफुल्लित मन
भावन होता है
अक्सर माँ कहती थी
नीलकंठ का दिख जाना...
पर मेरे अकेलेपन में
माँ को याद दिलाना
महत्वपूर्ण है
नीलकंठ का दिख जाना
मेरे लिए .॥

86. टहनी से छूटकर

हरदिन
छूट जाता है
कोई न कोई पत्ता
अपनी टहनी से
अकस्मात मृत्यु की तरह
बिना पूरी किये
अपनी उम्र को
पतझड़ आने से पहले
बिना किसी तेज आंधी लिए
कुछ तो बात होगी
सबके लिए
एक पत्ते के लिए भी
उसका मरना उसका जीना
इस धरती पर आकर।

87. माँ का होना

कुछ भी
खालीपन नहीं
माँ का होना होता है भरा -भरा
अहसास का होना
जैसे मधुबन में बसंत
आगमन होना
नन्हीं गिलहरियों सा उमंग होना
सागर सा नदी सा
नहर सा घड़े सा भरा होना
जो छतनार वृक्ष की तरह
एक छाँव होना
निज में समाहित गांव होना
माँ का होना
एक उल्लास है ।

88. बारिश में शहर

बारिश का पानी
जगह ढूंढता
इधर- उधर रेंगता -भागता
जहाँ तक रास्ता मिलता
फिर बेचारा थक हार खड़ा हो जाता
गली -सड़क पर !
और धीरे-धीरे भरने लगता है पानी ऊपर तक
कभी डूबने तक
बदनाम होकर
बारिश का पानी !
भला ! कब चाहा रुकना
एक पल भी
उसे तो रोका गया है
जमींन पर पक्का फर्श बिछाकर
कहाँ मिट्टी है भला की धस सकूँ
कैसे समां जाऊ नन्हें से
गमलें भर की मिटटी में
कैसे बचा लू डूबते
किसी शहर को
यहाँ तो मिट्टी बिकती है
नन्ही थैलियों में भरकर
दस रूपये देकर ।

89. चलता है जीवन

कुछ दिन
और बाकि है
गिने चुने कुछ दिन !
फिर न आना-जाना होगा
इन रास्तों से
जिनसे होकर हरदिन जाता हूँ मैं काम पर
कुछ दिन बाद नहीं देख सकूंगा
उन रास्तों पर आते -जाते लोग
चौराहे का मोड़
जबकि चौराहा बना रहेगा
वहीं का वहीं
और उस रास्ते के लोग भी
पहले की तरह आते-जाते रहेंगे
जैसे देखता आया हूँ अबतक
मेरे न देख पाने से क्या ?
शहर छोड़ जाने से क्या ?
वे रास्तें नहीं रुकेंगे
उसी तरह भीड़ से भरे रहेंगे
जैसे मृत्यु के बाद भी
चलता है जीवन ।

90. कहाँ जा रहे है भागे

समय भाग रहा है आगे !
आगे ही आगे...
कितना दौड़ लगाए मन
सब भाग रहे ,भागे ही भागे
कौन कहाँ कुछ देर बैठकर
बतिया लेता कुछ मन की बात
आज कहाँ कोई सो पाता है
गहरी लिए निंदियों की रात
ऐसा लगता रात दिन सब
सोते नहीं सब जागे -जागे
नहीं जीने की सुखमय आशा है
पाने की बस जिज्ञासा है
मन का लालच दौड़ लगाता
होड़ लिए सब आगे -आगे
देखों ! भाग रहे सभी है
कहाँ जा रहे भागे -भागे ...।

91. जीवन तो चलता है

क्या हुआ
मिट गई दिशाएँ
धूमिल अँधेरा जीवन दिखता है
रुका कहाँ भला ! जीवन पथ
जीवन तो चलता है
देखों ! नई उत्सुकता से कैसे
उपवन फिर दम भरता है
पतझड़ में तरु टहनियों पर
नव पल्लव कैसे फिर खिलता है
मिटे अपने अस्तित्व चिन्हों पर
जीवन कैसे रंग भरता है
जीवन तो चलता है
एक जिज्ञासा ले मन में
जो नभ छूने का दृढ़ रखता है
तब कहीं पंछी सा नभ में
ऊँची लिए उड़ान भरता है
जीवन तो चलता है
हां ! रुंधे- रुंधे से पथ मिलेंगे
कंटको से भरे मिलेंगे
पार वहीं कर पाता पथ को
भय नहीं जो करता है
जीवन तो चलता है ।

92. फ़ोन नम्बर

मेरे फ़ोन लिस्ट में
बहुत से नम्बर यूँ ही पड़े है
बिना कभी खटखटाये
महीने- साल बीत जाने के बाद भी
जिसे छेड़ता नहीं हूँ
और वे भी मुझें दिक्कत नहीं करते
हालाँकि जानता हूँ
कौन है वे !
और वे भी शायद जानते ही होंगे मुझें
उनका प्रेम कितना है मुझपर !
उन्हीं से सीख लिया था मैंने
कैसे रहना है चुप रहकर
जब बार -बार फ़ोन लगाने पर भी
ढोंगी बगुले का चित्र
आता था उभरकर
इसीलिए बुरा न लगे
बहुत से फ़ोन नम्बर
आज भी दर्ज है बिना हटाएँ ।

93. छोटी चीजें

अक्सर !
छोटी नहीं होती
छोटी चीजें !
जैसे छोटे- छोटे कण
छोटी -छोटी बूंदे
या छोटा सा बीज कोई
जो धारण करता है एकदिन
किसी वटवृक्ष में या
किसी विशाल पीपल सा
कण रूप ले सकता है
हिमालय में
बूँद भी छोटी सी बन सकती
होकर नहर, नदी, सागर में
क ,ख ,ग वर्ण जुड़कर
हो सकते है काव्यालय में
छोटा कुछ नहीं होता
जैसे आदमी सिर्फ
आदमी है होता
कोई छोटा नहीं
कोई बड़ा नहीं होता ।

94. सीढ़ियों पर बच्चें

कई -कई दिनों से
न नहाये से
मैले कपड़ों में
आम लोगो की जिंदगी से अलग
जंजीरों के जकड़ो में
बिना फिक्र सुबह- सुबह उठने की
न स्कूल न किताब, पेन्सिल की
न कुछ बनने की न कुछ बिगड़ने की
जो फसे नहीं तो और क्या कहुँ ?
कभी बाहर आना नहीं चाहते
इनके माँ -बाप !
नन्ने बच्चों की फिर क्या बात !
अक्सर देखता हूँ
फ्लाईओवर की सीढ़ियों पर
फैलाते नन्हें -नन्हें हाथ !
अपनी ही मौज़- मस्ती में इधर- उधर डोलते
सड़क पर वाहनों के तेज़
आवाजाही के बीच डोलते
जहाँ बगल में ही थी
छोटी- छोटी पोलोथिन की झोपड़ियां !
जिन्हें देखता आ रहा हूँ
शहर के बीच
मानों विरासत में मिली
सड़क की पटरियां ?

95. दुनिया

अपनी इस दुनिया से परे
और भी है दुनिया
असंख्य दुनिया
जैसे मंगल की दुनिया
बुद्‌ध, बृहस्पति, शुक्र, शनि की दुनिया
जो सिमित नहीं
सूरज चंदा और तारों तक
सच कहु तो जो दिख रहा है
सबकी अपनी -अपनी दुनिया
मेरी दुनिया,तुम्हारी दुनिया
जीवों की ही नहीं
निर्जीवों की भी दुनिया
पेड़ की दुनिया
पंछी की दुनिया
पहाड़ नदी सागर ,
शंख ,सिप की दुनिया
पतझड में सूखे पत्ते की दुनिया
कंकड़ की पत्थर की
नन्हे कणों की दुनिया
कितनी दुनिया ?
दुनियाँ के भीतर दुनिया
दुनिया ही दुनिया ।

96. पेड़ हूँ मैं

हां ! स्थिर एक जगह खड़ा -खड़ा
मेरा भी होता मन
मैं भी चलु
जैसे चलते है सभी
पशु -पंछी आदमी
अपने -अपने पाँव
क्या नहीं अकुलायेगा मन तुम्हारा ?
किसी दिन जब
सुबह से शाम खड़े रहो
ग्रीष्म की चिलचिलाती
एक दिन की धूप में
या तुम भीगते रहो
एक दिन बरसात में
या तुम गुज़ार दो बिना वस्त्र
बस एक दिन शीत बयार में
पर हतभाग्य मेरा !
इस पीड़ा के बाद भी
प्रताड़ित होता हूँ मैं
स्थिर एक जगह कितना
अकेला होता हूँ मैं
जब कोई पशु सिंघ
खुजलाता है मुझपर
टूट जाने का डर सताता है
जब कोई आंधी आती है तेज
झकझोरती मेरे बदन को

पहुँचाती ठेस !
मनुष्य भी करता कुल्हाड़ियों की चोट
सोचो कैसे बोटी -बोटी
कटता हूँ मैं
पेड़ आखिर क्यों पेड़ हूँ मैं
फूल देता मैं फल देता हूँ
स्वच्छ हवा को बल देता हूँ
छाया देता हूँ घोंसला ,कोटर
फिर भी क्यों असहाय होता
हूँ मैं ।

97. चाँदनी रात

अक्सर !
तुम्हारे अभावों में
बतियाता हूँ चाँदनी रात से
पहले की तरह
जब कभी साथ -साथ
बतियाते खाते- गाते
खुशियाँ मनाते
आज भी लगता है
चाँदनी रात की साड़ी फहराते
आलिंगन को शर्माते
झूम रही हो तुम वही गीत गुनगुनाते
मेरे मन को लुभाते
तुम आज भी चाँदनी रात में...।

98. शहर में सांझ

अचानक
टिमटिमाने लगती हैं बत्तिया
आधा ही डूबा होता
हैं सूरज
साँझ बाकी होती हैं
ढलने में
उससे पहले छुप जाता
बड़ी -बड़ी बिल्डिंगो के पीछे
और अधूरा रह जाता हैं
हरदिन सूरज का बादलों में डूबना
और रह जाता मेरा मन अधूरा सा
न जाने कब तक शहर में रहकर
देखने को लालायित
एक आस लिए
कहीं क्षितिज में
डूबते सूरज को ।

99. तूफान के बाद

कश्तियाँ फिर
लहरों पर लौटेगी
फिर से समुन्दर पर थिरकेगी
फिर से खड़े होंगे
धीरे -धीरे लोग
फिर से हाथों में लिए जाल ...
नए संघर्ष के साथ
फिर से खड़े होंगे
तट के पेड़ ...
दिखेंगे फिर से
शीप -शंख बटोरते
मछुआरों के
नन्हें -नन्हें बच्चे
फिर से....।

100. हुदहुद

बचपन में कई बार
हथेलियों पर
रखकर सहलाया हैं
हुदहुद के पंखों पर
फेरकर अपनी अंगुलिया
अक्सर ! किसी पहर
वो आ ही जाया करती थी
घर के द्वार पर ढूंढती
अपना दाना- पानी
इधर -उधर खोदती गोबर- मिट्टी को
खँघोलती
तो कभी उड़ बैठतीं
पशुओं के पीठ पर जाकर
अपनी लम्बी चोंच से
खुद को मानों सवारती
फिर अचानक उड़ जाती
जरूर पास ही रहा होगा
उसका कोटर
कटहल के पेड़ों पर
या महुवा ,आम के पेड़ पर
जो खड़े थे कतार में
घर के पिछवाड़े ।

101. बनारस तो बनारस है

सच कहुँ
तो बनारस
मेरी चौखट है
लांघकर चला आया
किसी दूसरे शहर !
यह मेरा दुर्भाग्यवश है
पर आज भी सबकुछ
वही का वही जस का तस है
बनारस तो बनारस है
लिखना कविताओं में उतारकर
सुबह -ए बनारस की
रौनकक बिखराकर
चुस्की चाय की कुल्हड़ में लगाकर
गंगा घाट पर कुछ समय बिताकर
फिर भी मुमकिन नहीं
जिसे लिख पाना सरबस है
बनारस तो बनारस है...

www.ingramcontent.com/pod-product-compliance
Lightning Source LLC
LaVergne TN
LVHW041040150826
845672LV00001B/411

* 9 7 9 8 8 9 3 2 2 3 4 4 6 *